Pixel Paint

Pixel Art Coloring Book

Volume 1

Smart Things Begin With Griddlers.net

Pixel Paint – Pixel Art Coloring Book (Volume 1)

Published by: Griddlers.net
a division of A.A.H.R. Offset Maor Ltd

Author: Griddlers Team

Compiler: Elad Maor

Cover design: Elad Maor

Editor: Shirly Maor

Cover background elements by: freepic
Contributors: AshBenjoZone, ashtongibbs, bahar1251, chefmomster2, Eftienne, Emma2007, flores, isola23, ivivis, Lenchik, M1sk4, mgoldhirsh, mustafademirbas, netty, Nicky, ondryk, painter100, Petinka, Rianne1992, shybobcat, smittums, tsunade85, vampxris, VelvetDreams, wren360.

ISBN: 978-9657679272

For more information:
Email: team@griddlers.net
Website: http://www.griddlers.net

Tomato

Blooming Tree

Parrot

Strawberry

First Annual Treat

Butterfly

PacMan Ghost

Fir

Little Fox Head

Tractor

Bee

Happy Pumpkin

Hummingbird

Dog

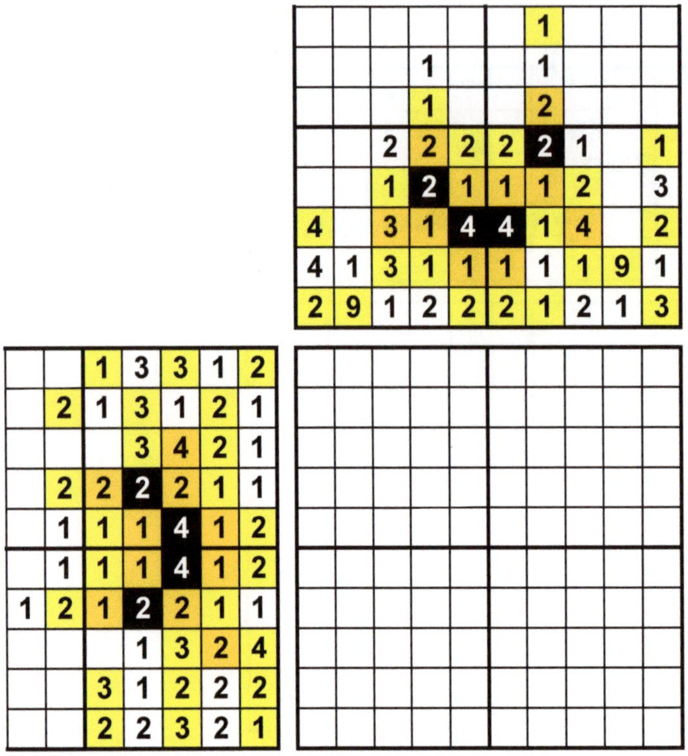

Sunflower

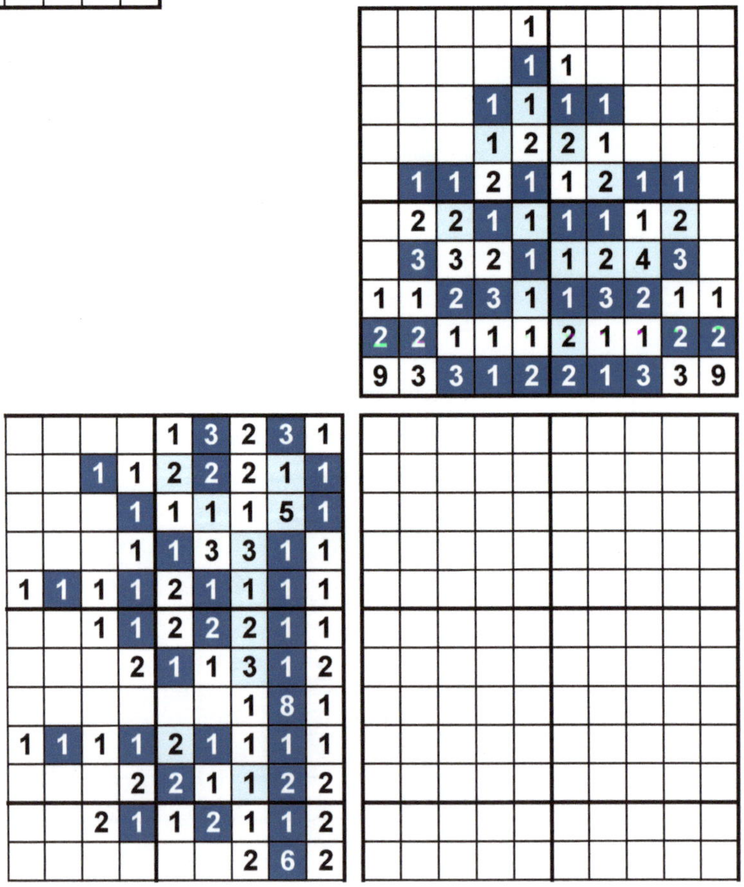

Top clues grid:

					1				
			1		1				
			1		2				
		2	2	2	2	2	1		1
		1	2	1	1	1	2		3
4		3	1	4	4	1	4		2
4	1	3	1	1	1	1	1	9	1
2	9	1	2	2	2	1	2	1	3

Left clues grid:

	1	3	3	1	2
2	1	3	1	2	1
		3	4	2	1
2	2	2	2	1	1
1	1	1	4	1	2
1	1	1	4	1	2
1	2	1	2	2	1	1
		1	3	2	4
	3	1	2	2	2
	2	2	3	2	1

Sunflower

Bear

Top clues grid:

			1						
			1	1					
		1	1	1	1				
		1	2	2	1				
1	1	2	1	1	2	1	1		
	2	2	1	1	1	1	1	2	
	3	3	2	1	1	2	4	3	
1	1	2	3	1	1	3	2	1	1
2	2	1	1	1	2	1	1	2	2
9	3	3	1	2	2	1	3	3	9

Left clues grid:

		1	3	2	3	1
	1	1	2	2	2	1	1
		1	1	1	1	5	1
		1	1	3	3	1	1
1	1	1	1	2	1	1	1	1
	1	1	2	2	2	1	1
	2	1	1	3	1	2
			1	8	1
1	1	1	1	2	1	1	1	1
	2	2	1	1	2	2
	2	1	1	2	1	1	2
		2	6	2

Bear

Pear

Column clues (top):

			2	2					
	6		2	1	1		6		
9	9	3	4	2	1	1	5	3	9
1	1	1	6	4	6	8	5	1	1

Row clues (left):

		5	2	3
		5	1	4
		4	3	3
4	1	1	1	3
3	1	1	2	3
3	1	1	3	2
		2	7	1
		2	7	1
		2	7	1
	3	5	2	

Tulip

Column clues (top):

			1		1				
		3	4		4	3			
	3	2	1		1	2	3		
5	6	3	2	2	5	1	1	2	5
1	1	3	2	1	1	1	2	3	1
4	3	1	1	1	4	2	2	2	4

Row clues (left):

2	1	1	1	1	1	1	1
			2	1	5	1	1
			2	1	5	1	1
			3	1	3	1	2
			3	1	3	1	2
			1	3	3	1	2
	1	2	2	1	1	2	1
			2	2	1	4	1
					2	4	4
					5	1	4

Ladybug

Column clues (top):

		2							
	1	1		1	1		2		
2		1	3		1	1		1	
1	2	1	1		2	2		1	
3	2	2	2		4	1	2	3	3
1	3	1	2	1	1	1	7	1	6
3	3	2	1	9	1	4	1	2	1

Row clues (left):

		2	1	4	1	2
		2	2	3	1	2
2	1	1	1	2	2	1
1	3	1	2	1	1	1
					1	9
	1	1	2	2	1	3
		1	1	2	6	
		2	6	1	1	
		3	2	1	4	
	4	3	1	1	1	

Ladybug

Sheep

Column clues (top):

			1			1			
			1			1			
		1	1	1	1	1	1		
	2	1	2	5	5	2	1	2	
2	4	5	3	2	2	3	5	4	2
8	4	3	2	2	2	2	3	4	8

Row clues (left):

			3	4	3
			2	6	2
1	2	1	2	1	2	1
		1	2	4	2	1
		1	2	4	2	1
		1	3	2	3	1
			2	6	2
			3	4	3
		3	1	2	1	3
		3	1	2	1	3

Sheep

Woman

(nonogram puzzle clues)

Top clues:
```
            1  2
         2  3  2
         1  1  1  3
         2  1  1  3        1
6  2  8  2  1  3  2  8  7  3
4  8  2  2  2  3  2  2  2  7
```

Left clues:
```
            2  6  2
      2  1  1  5  1
      1  2  3  3  1
1  3  1  1  1  3
      1     2  4  3
1  2  1  1  2  3
            4  2  4
            5  1  4
            2  7  1
            2  7  1
```

Woman

Rain

Top clues:
```
   3                                    2
   1     1     4                        1
   1     3        1              4        1
   2  2  3  4  2  4           1  1  2  1     2
3  1  2     5  2  5  4  4  2  3  2  2        3
7  2  6  1  1  1  1  6  6  3  6  6  3  10 5
```

Left clues:
```
                  1  3  6  2  1  2
                  1  2  8  1  1  2
                  1  1  10 2  1
                     1  12 1  1
                     7  1  6  1
1  1  3  1  1  1  1  1  2  1  2
1  1  3  1  1  1  1  1  2  1  2
                  3  1  3  1  7
            1  1  1  1  3  1  7
                  1  1  2  4  7
```

Rain

Cherries

Elephant

Red Apple

Column clues (top):

	2									
	2	2	2							
3	2	1	1	1	2	1		2	3
5	3	2	1	2	7	1	2	7	5
2	1	5	6	7	1	8	8	1	2

Row clues (left):

		5	2	3
		4	2	4
1	3	1	4	1
		2	2	6
		1	2	7
		1	1	8
				10
				10
		1	8	1
2	3	1	2	2

Red Apple

Locomotive

Column clues (top):

						1					
		1	1	1		1		4	4		1		1
	1	1	2	2	2		4	5	2	2		1		8	1
1	1	7	7	3	3	3	1	2	3	1	1	5	4	8	1	4	6
9	8	1	1	3	4	4	8	1	1	2	3	5	3	1	2	3	4
1	1	1	2	2	1	1	1	1	2	1	1	1	1	2	1	1	1	9
1	2	4	2	2	4	2	2	4	2	2	4	2	2	4	2	1	1	4	2	2
13	2	1	2	2	1	2	2	1	2	2	1	2	2	1	2	2	1	2	4

Row clues (left):

						15	2	3
					10	4	4	2
				1	8	6	2	3
		1	4	3	1	6	2	3
1	4	3	1	2	2	2	2	3
1	4	3	1	1	4	1	2	3
				1	10	2	6	1
					1	18	1
	1	2	2	4	2	4	2	2	1
1	1	1	2	1	2	1	2	1	2	1	2	1	2
		2	4	2	4	2	4	1	1
	1	2	2	4	2	4	2	2	1
1	2	2	4	2	4	1	1	2	1
		2	4	2	4	2	4	2
		3	2	4	2	4	2	3

Locomotive

Bird

Top clues:
```
            2 3 3
          3 1 1 4
        1 2 1 2 2
1 2 3 3 3 1 2 1 1 5 5 5 5 5 6
1 2 3 4 3 1 1 1 1 3 2 2 2 2 1
8 6 4 3 3 1 2 2 2 2 3 3 3 3 3
```

Left clues:
```
    1 3 11
    1 4 10
  1 1 4  9
  1 3 4  7
2 3 1 3  6
  2 5 7  1
    3 6  6
    5 5  5
    6 1  8
    5 2  8
```

Bird

Snail

Top clues:
```
                  2 2
                3 1 1
              2 2 1 1 2
            4 1 2 1 2 2     4
    1 3 1 2 1 1 2 1 2 3 3   7
1 6 6 8 5 1 1 3 1 1 2 5 1 8 2
9 3 1 1 4 3 2 2 2 2 2 2 2 2 1
```

Left clues:
```
          1 3  1 10
            1  1  1 1 11
        1 1 1  1  3 4  4
        1 3 2  2  2 2  3
      1 3 1 2  1  2 1  2
1 3 1 1 1 1 1  1  1 2  2
        1 4 1  2  2 3  2
          2 4  1  5 2  1
                   2 13
               4 10  1
```

Snail

Kingfisher

Top clues

								4	
			1					2	
		1	1	1			2	1	6
	1	1	1	1			5	1	1
2	2	2	1	4	4		1	1	1
1	1	1	5	2	1		1	1	1
6	7	7	4	3	3	7	2	2	3
3	3	3	2	2	3	4	2	2	2
3	2	1	1	1	2	4	2	1	1

Left clues

		2	1	4	3
2	1	1	2	1	3
			2	6	2
	2	2	1	3	2
	3	1	1	4	1
	3	1	1	4	1
3	1	2	2	1	1
	3	4	1	1	1
	4	3	1	1	1
	1	4	3	1	1
		2	4	3	1
3	3	1	1	1	1
1	4	1	1	2	1
		2	6	1	1
			5	4	1

Baby Penguin

Top clues

				1		1	1		
				3		3	1		1
				1	2	1	1	2	3
				5	1	1	1	2	2
8	7	5	3	7	3	1	1	6	2
4	6	9	1	4	5	9	9	2	1
3	2	1	1	1	1	1	1	1	12

Left clues

		4	4	2
	3	2	2	1
3	1	2	1	1
	3	2	3	1
		4	4	2
	2	3	3	2
	2	4	3	1
	1	5	3	1
		6	3	1
		5	4	1
		3	6	1
		3	6	1
	1	2	5	2
	2	2	4	2
		5	4	1

Seahorse

Top clue grid (columns):

					1						
				1	1						
		1	4	2	2						
		2	2	1	3						
		3	1	1	1						
5		1	1	1	1						
1	1	1	1	1	1	2					
1	1	1	1	1	1	1	2				
1	2	1	1	1	1	8	1				
1	2	1	1	1	2	1	8				
1	3	3	1	3	1	2	3				
15	5	6	1	2	1	1	1	1	1	15	

Left clue grid (rows):

	2	1	1	2	4
	3	2	1	1	3
			2	7	1
	2	1	1	2	4
			3	2	5
	1	1	1	3	4
	1	1	1	4	3
			1	6	3
	1	1	1	4	3
	1	1	1	4	3
			3	3	4
	3	2	1	3	1
3	1	2	1	1	1	1
	3	2	3	1	1
			4	4	2

Ready for a Bath

Top clue grid (columns):

	1								
2	2								
2	1								
2	1								
2	1				1	3			
1	1	4	4	5	6	3			
7	4	1	1	2	3	1	2	8	7
1	1	6	9	8	6	6	6	5	5
7	1	1	1	1	1	1	1	2	3

Left clue grid (rows):

		3	3	4
		2	5	3
	1	1	5	3
	1	2	5	2
	1	2	2	3	2
1	1	1	1	2	2	2
	1	1	3	1	1	3
	3	2	2	2	1
				2	8
				1	9
				1	9
				1	9
			1	8	1
			2	6	2
	1	3	1	2	3

Who Wants to Kiss Me?

Basketball

Dragonfly

Playing in The Mud

Dolphin

Cloudy Wearher

Smelling the Flower

Beetle

Mini Mushroom

Fruits

Duck

Tea

Two nonogram (griddler) puzzles.

Tutankhamen

Camera

Ostrich

Colorful Rooster

Stitch

Swallow

Column clues (top):

				1	1					6								3	
3	3						6											3	
2	2	8	8	1			3					4	3	3	2	3	4	4	
2	2	1	1	3	5	5	1		1	2	2	2	2	1	1	1	1		
2	2	8	8	3	1	8	6	5	1	9	6	4	3	4	2	2	1	4	5
1	1	1	1	1	3	3	3	3	1	2	4	5	2	3	7	10	3	8	4
17	17	7	7	3	3	5	6	7	8	9	9	9	9	8	6	2	12	3	6

Row clues (left):

	7	4	9
	4	8	8
		13	7
2	11	1	4	2
	7	10	1	2
	9	5	3	3
	10	2	4	4
10	1	4	1	4
10	1	4	3	2
9	1	3	6	1
	8	1	4	7
	7	3	4	6
	2	7	6	5
	6	2	7	5
5	2	9	3	1
5	1	10	3	1
4	2	10	3	1
		16	2	2
		17	1	2
		17	1	2

Leggy

Top-right puzzle clues (column/row clues):

		5												4		
		1												1	1	
		2									1		1	3		
5	5	1	4								3	1	1	1	1	
2	1	2	2	4		4					1	3	1	1	3	
1	2	1	5	1	4	2	5			9	4	6	2	1	3	
2	1	1	1	5	1	4	7		12	2	1	1	1	1	1	
1	2	1	1	5	1	1	11	12	1	11	2	5	4	3	2	1	1
2	1	1	2	4	1	3	2	3	1	4	3	2	4	2	1	1	1	1
2	2	2	1	1	5	3	2	3	4	1	3	1	5	1	1	3	3	5	5
2	2	2	2	1	1	2	1	1	1	1	1	1	3	2	2	1	3	1	3
3	4	1	2	3	3	1	2	2	2	1	2	3	3	1	2	2	4	4	12

Left puzzle clues (Leggy):

					14	2	1	2	1
					14	1	2	1	2
					14	1	2	1	2
					14	1	2	1	2
				3	4	7	1	4	1
	3	1	2	2	5	1	2	1	1	2
			1	1	1	4	1	5	1	6
	2	1	4	1	5	1	2	1	2	1
			3	4	1	5	1	3	2	1
1	1	1	4	1	4	1	1	1	4	1
		2	1	1	4	4	1	2	3	2
		3	1	3	2	2	1	5	1	2
			1	1	1	5	4	5	1	2
	3	1	3	2	2	2	3	1	1	2
	1	2	1	2	2	4	4	1	1	2
	2	2	1	1	1	6	2	2	2	1
		1	2	2	2	5	2	2	4
2	2	1	1	1	5	1	1	1	2	3
	2	1	2	1	3	1	3	1	6
			5	2	2	2	2	2	5

Koala

Bicycle

Owl

Car

Angelfish

Grapes

Horse on Wheels

Watermelon

Squirrel Squared

Sunset Palms

VW Bus

griddlers
Logic Puzzles

Type of puzzles available in Griddlers Books:

Picture Logic Puzzles:

Griddlers

Triddlers

MultiGriddlers

Number Logic Puzzles:

Soduko

Jigsaw

Killer

Kakuro

Less Than

Futoshiki

Kalkudoku

Straights

Smart Things Begin With Griddlers.net